TABLE DES MATIÈRES

Table des matières

- Introduction 2
- Un concours accessible à tous 4
- Un concours exigeant 6
- L'organisation des révisions 9
  - Concrètement, comment organiser ses révisions ? 9
  - Que faut-il connaître, lire ou apprendre par coeur ? 12
  - Quels sont les outils pour réviser efficacement ? 13
  - Comment apprendre vos fiches par cœur ? 15
- Réussir les épreuves écrites 16
  - Quelques conseils pour le jour-J 16
  - L'épreuve écrite de français 19
    - La partie 1 : Analyse d'un corpus de texte 19
    - La partie 2 : Connaissance de la langue 26
    - La partie 3 : Didactique du français 26
  - L'épreuve écrite de mathématiques 29
- Réussir les épreuves orales 32
  - Pour réussir ces entretiens d'embauche… 33
    - Votre image 33
    - Votre discours 34
  - Le dossier de mise en situation professionnelle 36
    - Le choix de la matière 36
    - Ce que le jury attend 36
    - La présentation du dossier 39
    - L'exposé 40
    - Les questions du jury 40
  - La Connaissance du Système Educatif (CSE) 43
    - L'exposé 44
    - L'entretien avec le jury 45
  - L'épreuve orale d'EPS 46
    - La préparation 46

    L'exposé 47
    L'entretien avec le jury 49
Et après votre admission ? 50
Conclusion 51

Introduction

Je suis professeur des écoles depuis quelques années seulement et c'est en préparant le 3ème concours que j'ai réalisé à quel point certains savoir-faire et éléments simples manquaient pour réviser de façon efficace. Comme beaucoup d'entre vous, j'ai dû, pendant mon année de révision, mener de front mon activité professionnelle et ma famille. Heureusement, pendant cette année, j'ai eu la chance de rencontrer des personnes altruistes et compétentes qui m'ont prodigué d'excellents conseils. Une fois le concours réussi, j'ai souhaité les réunir dans un ouvrage et y ajouter les notions et savoirs incontournables qu'un candidat doit acquérir.

Mais tout d'abord, permettez-moi de faire une petite digression pour vous parler de mon parcours personnel. Avant d'être professeur des écoles, j'étais animateur de séjours de classes de découvertes où je travaillais quotidiennement avec des enfants et des professeurs des écoles. C'est ainsi que l'envie de devenir moi-même professeur a germé. Comment atteindre cet objectif sans passer par la case « diplôme » ? Sans licence ? Impossible ? Non ! C'est au contraire tout à fait possible grâce à l'opportunité du troisième concours du CRPE.

Je n'avais pas l'expérience du métier et c'était la première fois que je passais un concours. Alors comment ai-je fait pour réussir à être 11ème/700 au classement dans le département des Alpes Maritimes, pourtant réputé difficile d'accès ?

M'organiser pour les révisions, passer les épreuves écrites et les épreuves orales, avec leurs spécificités respectives n'a pas été, vous vous en doutez bien, une promenade de santé. J'ai suivi ma propre méthode de révision, j'ai dû faire face aux imprévus et m'adapter. Mais surtout, il m'a fallu faire en sorte de rendre mes révisions réexploitables le jour du concours. C'est ainsi que je pense avoir trouvé des façons de gagner beaucoup de points avec un minimum d'investissement en temps et énergie. Je pense même que c'est ce qui a pu faire la différence avec les autres candidats. Je vous offre ici tout ce que j'ai appris et élaboré, pour en faire un livre très pratique. Pour autant, je n'ai naturellement pas la prétention de dire que je suis un expert du CRPE. Je souhaite simplement vous faire profiter de mon expérience à travers des conseils et vous aider ainsi à réussir votre propre reconversion professionnelle. Lire ce livre vous sera très profitable : cela vous permettra de partir du bon pied et de mettre toutes les chances de votre côté. Comme le dit le proverbe : « Si j'avais six heures pour abattre un arbre, je passerais les cinq premières heures à aiguiser ma hache. »

Un concours accessible à tous

Ce concours étant ouvert à toute personne pouvant justifier de 5 années de travail dans le secteur privé, on n'a pas besoin de diplôme pour s'y inscrire. Même le bac n'est pas demandé ! Et pourtant, il donne accès au même métier, au même salaire que les premier et deuxième concours, plus exigeants au niveau des diplômes. Cela peut être avantageux pour un élève qui souhaite se lancer rapidement dans la vie active. Au lieu de faire de longues études, il peut être salarié et préparer le CRPE en parallèle. Peu d'étudiant(e)s connaissent cette possibilité, et certain(e)s regrettent même d'avoir poursuivi leurs études, réduisant ainsi leurs revenus et leur durée de cotisation à la retraite, alors que le 3ème concours leur permettait aussi d'atteindre leur but : devenir professeur des écoles.

Mais ce but ne s'atteint pas par hasard ou par chance. Le CRPE est un obstacle trop difficile à franchir sans véritable engagement. On ne peut y arriver que par le travail, par la formation. Cela demande une bonne dose de motivation et d'investissement : à chaque rentrée de PFSE (Professeur Fonctionnaire Stagiaire Etudiant) à l'INSPE, on constate que les candidats de tous concours confondus ont focalisé tous leurs efforts sur les révisions pendant des mois : ils ont appris tout ce qu'ils ont le temps d'apprendre, ont pris des cours particuliers à distance avec des professeurs des écoles pour aiguiser leurs connaissances sur le système éducatif. Ils ont lu beaucoup de livres sur tout ce qui se rapporte à l'école (ses spécificités, son histoire, la pédagogie, …) et ont, pour certains d'entre eux, dépensé des sommes allant jusqu'à 3000 euros pour suivre des stages de préparation. Lorsqu'on sait qu'ils ont finalement réussi... était-ce exagéré ?

Il est certain qu'une bonne préparation fait la différence. Avec le recul, je me dis que si on m'avait guidé davantage dans ma préparation, j'aurais pu être beaucoup plus efficace dans l'organisation de mon temps de révision. En effet, beaucoup de choses à savoir sur le CRPE ne sont pas indiquées, ni dans les livres de préparation classiques, ni à l'INSPE.

De plus, lorsqu'on passe par le troisième concours, il n'y a souvent personne à qui demander de l'aide. Personne n'attire votre attention sur un renseignement important que vous ignorez. Personne ne vous explique quoi que ce soit. Personne ne vous tape sur l'épaule pour vous donner les astuces qui vous permettront de savoir par où commencer, et de savoir ce qu'il faut (ou pas !) apprendre par cœur. Autant de manques qui font perdre beaucoup de temps à effectuer des recherches. Du coup, on manque de méthodologie pour les révisions, on ignore les techniques propres au passage de ce concours, on manque d'information sur le matériel à utiliser pour les révisions (livres, fiches) et pour les passages d'épreuves (stylos non effaçables, accessoires).

Avec de la bonne volonté, on achète des livres de révision (comme tout bon candidat) et on se retrousse les manches. Néanmoins, presque tous les candidats suivent cette démarche et tout n'est pas écrit dans ces livres. Se contenter de les lire ne permet pas de faire la différence. Il faut arriver à rendre leur lecture ré-exploitable. C'est ce que j'ai réussi à faire et c'est ce que je vais vous livrer ici, de manière à vous permettre de rendre vos révisions plus efficaces.

Afin de se former de la meilleure façon possible au passage du CRPE, il faut :

- Suivre les conseils d'un livre comme celui-ci, dont l'ambition est de vous montrer la méthode la plus sûre vers la réussite, quitte à vous mâcher le travail ;
- Prendre des cours particuliers (à distance si besoin) pour recevoir toutes les réponses aux questions qui vous traversent l'esprit, faire des examens blancs, et avoir une aide personnalisée, un coaching.

Un concours exigeant

Dès le début de votre préparation, il faudra avoir à l'esprit que vous allez passer un concours assez difficile, de par la quantité de choses à connaître, et de par le poids de la concurrence.

Les probabilités, à première vue, ne jouent pas en votre faveur et, en regardant les chiffres, vous pourriez vite vous décourager.

A titre d'exemple, le tableau suivant permet de connaître le nombre d'inscrits dans chaque académie en 2019 :

Académies	Inscrits Premier concours	Inscrits Deuxième concours	Inscrits Troisième concours	Admis Troisième concours
Aix-Marseille	4160	-	790	25
Amiens	1930	-	550	20
Besançon	1120	-	150	5
Bordeaux	4500	60	820	20
Caen	1800	-	170	3
Clermont-Ferrand	1400	-	230	5
Corse	360	100	70	3
Créteil	4500	-	1320	200
Dijon	1570	-	310	15
Grenoble	3130	-	500	15
Guadeloupe	700	20	190	3
Guyane	770	30	140	8
La Réunion	2050	30	830	26
Lille	4000	-	930	23
Limoges	1034	-	120	1
Lyon	4500	-	750	28
Martinique	750	30	200	5
Mayotte	880	-	-	-
Montpellier	3540	50	900	35
Nancy-Metz	1700	10	410	18
Nantes	3420	10	690	15
Nice	2200	-	620	15
Orléans-Tours	2940	-	380	12
Paris	2350	-	430	9
Poitiers	2200	-	290	13
Polynésie	260	-	-	-
Reims	1150	-	180	6
Rennes	3050	100	620	13
Rouen	1820	-	350	8
Strasbourg	1780	110	260	3
Toulouse	3600	30	520	10
Versailles	5300	-	1330	170

Néanmoins, il faut savoir que bon nombre d'inscrits ne se présentent pas aux épreuves écrites. D'après le site www.devenirenseignant.gouv.fr, en 2019, au niveau national, sur 14517 personnes inscrites au troisième concours, seulement 3624 étaient présentes aux épreuves écrites. 730 personnes parmi elles ont été admises, ce qui représente 20% du nombre de personnes présentes aux épreuves écrites. Ce n'est pas négligeable !

Vous vous dites que vous n'avez que 20% de chances de réussir ?

Il faut voir les choses différemment. En réalité, les candidats ne sont pas tous identiques comme peuvent l'être les boules du loto. Par conséquent, ils n'ont pas tous les mêmes chances de réussite. C'est logique : les mieux préparés ont, à la base, plus de chances d'arriver au bout.

Comment se démarquer des autres candidats ?

- D'une part, grâce à votre préparation.

Avec de l'organisation, du travail et de la détermination, vous vous formerez mieux que les autres et vous hisserez dans le haut du classement ! En effet, si vous révisez bien rigoureusement et suivez les conseils donnés ici, vous aurez de grandes chances d'être admis(e), car un certain nombre de néo-candidat(e)s perdent leur temps et leur énergie à faire « comme ils peuvent ». Une bonne partie d'entre eux n'est pas prête au moment venu.

- D'autre part, si vous en avez la possibilité, en effectuant un stage dans une classe.

La plupart des candidats du CRPE troisième concours viennent du secteur privé et n'ont pas l'expérience du métier de professeur des écoles. Ceux qui auront l'expérience de situations de classe au moment du concours marqueront immanquablement des points. Pour combler ce manque, il peut être très avantageux de faire un stage au sein d'une école, même si vous n'êtes pas étudiant(e) et extérieur(e) à l'Education Nationale. Si vous décidez de vous lancer dans cette démarche, vous pourrez vous rapprocher d'un(e) enseignant(e) qui accepterait de vous ouvrir la porte de sa classe. Peut-être qu'une de vos connaissances pourrait se montrer conciliante… Vous aurez besoin d'une convention de stage à faire signer par l'enseignant(e), la direction de l'école et l'Inspection. Vous pourrez trouver un modèle de convention ici[1]. Votre grande chance, en faisant un stage, sera de pouvoir mener

---

[1] http://crpe.prepa-en-ligne.fr/images/Programme/Convention_de_stage.docx ou http://crpe.prepa-en-ligne.fr/crpe/docs-utiles.html

une séance que vous avez élaboré dans votre dossier professionnel avec de « vrais élèves ». Pour faciliter les choses, autant faire ce stage avec un niveau de classe identique à celui que vous avez choisi pour votre dossier professionnel.

Vous pourrez alors, pendant votre passage à l'oral, dresser l'évaluation de votre séance. Succès garanti auprès du jury !

L'organisation des révisions

Pour passer le CRPE, vous devrez passer deux épreuves écrites : Le Français et Les Mathématiques. Puis, si vos résultats sont satisfaisants, c'est-à-dire s'ils dépassent le seuil d'admissibilité (il varie selon les départements et les années), vous serez alors admissible et aurez trois épreuves orales à passer : la mise en situation professionnelle à partir d'un dossier, l'EPS et la Connaissance du Système Éducatif (CSE). Ces deux dernières épreuves ne forment en fait qu'une seule épreuve puisqu'elles se passent au même moment avec le même jury. Ce n'est qu'à l'issue de ces épreuves orales que vous saurez si vous êtes admis(e).

Concrètement, comment organiser ses révisions ?

Il faut être pragmatique et avoir 2 objectifs en tête : réussir les épreuves écrites et réussir les épreuves orales : Il faut prendre ces objectifs dans l'ordre chronologique. D'abord, travailler plus sur les épreuves écrites, sans négliger l'écriture du dossier de mise en situation professionnelle. Une fois qu'elles seront passées, focaliser les efforts de révisions sur les épreuves orales, sans attendre les résultats d'admissibilité.

En premier lieu, faites la liste de tous les chapitres que vous devez réviser, pour chaque épreuve : Français, Mathématiques, Connaissances du Système Éducatif (CSE), EPS et le Dossier de mise en situation professionnelle. Peut-être que la révision de certains chapitres de français ou de mathématiques vous paraîtra inutile, suivant votre niveau initial. Vous mettrez tous les chapitres que vous devez travailler dans un planning.

Jusqu'aux dates des épreuves écrites, il vaut mieux consacrer plus d'efforts à la révision des mathématiques et du français, pour avoir une chance d'être admissible (c'est votre premier objectif). Mais ne négligez pas le travail des épreuves orales, car vous n'aurez pas le temps de vous y préparer en trois semaines (intervalle de temps moyen entre les épreuves écrites et les épreuves orales).

Vous ferez un programme de révision sur un minimum de 6 mois si vous pouvez vous y consacrer 5 heures tous les jours ou 8 mois si vous pouvez y consacrer 4 heures tous les jours. Sur un agenda, notez, bien à l'avance, pour chaque jour de révision, les heures que vous pourrez consacrer au travail du CRPE.

De toute façon, vous serez obligé(e) de planifier. Même si vos contraintes personnelles vous empêchent de travailler quatre heures par jour, il vaut mieux travailler seulement deux heures par jour en l'ayant planifié et en ayant défini à l'avance ce que vous allez y faire. Planifier tous ces temps de révisions vous permettra aussi d'avoir une vie à côté des révisions. En effet, vous serez plus serein(e) et profiterez mieux des moments de vie de famille ou de loisirs, sans culpabiliser.

Voici un exemple de planning à suivre, pour les différentes parties du programme de Mathématiques et de Français :

Lundi	Mardi	Mercredi	Jeudi	Vendredi	Samedi	Dimanche
Maths/ Français Partie 1	Maths / Français Partie 2	Maths / Français Partie 3	Maths / Français Partie 1 et 2	Maths / Français Partie 3	Dossier de mise en situation	CSE et EPS
Chose à étudier :	Chose à étudier :	Chose à étudier :	Chose à étudier :	Chose à étudier :	Chose à faire :	Fiches à lire :
Horaires :	Horaires :	Horaires :	Horaires :	Horaires :	Horaires :	Horaires :

Suite au passage des épreuves écrites, ce planning changera puisque vous vous mettrez à fond sur les épreuves orales.

Malheureusement, comme vous serez seul(e) à organiser vos journées, vous trouverez certains jours un tas d'autres choses à faire que des révisions de français, de mathématiques, de connaissances de système éducatif, de dossier de mise en situation professionnelle ou d'EPS.

Pourtant, ces révisions doivent devenir une priorité pour vous, et il faudra absolument vous tenir aux nombres d'heures définis à l'avance, comme si ce travail était contrôlé par un patron. Mais, quand il n'y a pas de réelle pression, on est parfois un peu laxiste avec les choses qu'on s'impose soi-même. Par exemple, si un jour on a prévu de travailler 4 heures sur les propositions subordonnées (ce qui en soi n'est pas très fun !), on se dit qu'on pourrait le faire l'après-midi, pour profiter d'une belle matinée à faire du sport. Et puis l'après-midi, un ami nous appelle pour l'aider à faire quelque chose. On se dit qu'on pourra travailler nos révisions dans la soirée, et on repousse... Le soir venu, on avait complètement oublié que c'était l'anniversaire de notre petit neveu. Et voilà comment notre bonne intention de réviser s'envole en fumée au fil des décisions qui ne font que traduire notre manque d'engagement à faire ces révisions pendant notre temps libre. Ainsi, il peut se passer plusieurs jours sans révision. Cela nous éloigne considérablement de notre objectif et peut à la longue, nous faire abandonner.

Pour éviter ce phénomène, il faut s' "auto-manipuler", c'est-à-dire réaliser des actes qui nous engagent. Ces actes d'engagement peuvent être les suivants :

- Au lieu de déterminer un nombre d'heures dans votre agenda (par exemple 3h de révisions), inscrivez les horaires (de 9h à 12h : Révisions). On pourrait croire que c'est la même chose, mais c'est beaucoup plus structurant et cela permet de s'imposer un cadre strict.
- Signez chaque page de journée de révision. Cela ne demande pas énormément d'effort et procure la satisfaction de constater que l'on a fait ce qu'on avait décidé. C'est donc motivant.
- Arrangez-vous pour dire chaque jour à vos proches les horaires que vous comptez utiliser pour réviser. S'engager devant autrui est très efficace.
- L'auto-persuasion : Rappelez-vous chaque jour vos objectifs.
- Passer par les services d'un coach pour créer une motivation extérieure. En effet, la motivation interne, qui vient de notre état d'esprit, peut connaître des hauts et des bas. Sentir la motivation extérieure due à la pression d'une tierce personne permet de ne pas décrocher.

Trois ou quatre heures par jour, cela peut paraître beaucoup quand on travaille à plein temps et qu'on a des enfants. Pour y arriver, certains travaillent pendant leur pause déjeuner, parfois assis dans leur voiture, ainsi que le soir. On n'a rien sans rien...

Si on est au chômage, travailler de chez soi n'est pas si simple. Ne restez pas chez vous pour réviser : Allez à la bibliothèque (c'est gratuit !) ou au café, au coworking... Cela permet de consacrer un temps exclusif aux révisions sans être dérangé. Quitter votre lieu de vie vous permet aussi de vous focaliser sur vos révisions. C'est une forme d'engagement car c'est comme si on allait travailler dans le cadre d'une entreprise, et ça donne le rythme !

Pour celles et ceux et celles qui ont des enfants, faites-les garder, dans la mesure du possible, par vos proches ou par une nounou. Votre reconversion professionnelle n'est pas seulement un projet personnel, mais c'est un projet qui engage toute votre famille. Il est donc légitime que votre conjoint(e) ou vos parents vous aident dans cette démarche.

Sur les deux dernières semaines, faites tous les jours des examens blancs en vous mettant dans les mêmes conditions qu'au concours. Cela vous aidera surtout à améliorer votre méthodologie et votre gestion du temps. C'est très important ! Il n'est pas question d'improviser le jour du concours, surtout pour l'analyse de textes. Vous devez arriver au concours en sachant exactement quelle méthodologie appliquer pour chaque partie d'épreuve.

Le must serait de se procurer cet organiseur hebdomadaire : https://www.amazon.fr/Mon-organiseur-hebdomadaire-CRPE-2021/dp/B08R6CPZDD/

C'est un outil d'organisation qu'il vaut mieux avoir pour être sûr d'être au point. De plus, il est convivial à utiliser.

Que faut-il connaître, lire ou apprendre par coeur ?

Effectivement, on se demande si tout est à connaître par cœur. Apprenez tous les textes que vous trouverez assez courts (fiches, théorèmes et formules de mathématiques...) et ayez en tête les textes plus longs (comme les programmes).

Les programmes sont votre boussole. Ils vous donnent la direction où aller, le cadre. Les jurys attendent que vous les connaissiez, mais inutile de les apprendre par cœur, cela serait excessivement chronophage et énergivore. En revanche, il faut en avoir les grandes lignes en tête et s'en imprégner en les lisant plusieurs fois. Si vous avez une mémoire auditive, vous pouvez vous enregistrer en les lisant sur le dictaphone de votre smartphone pour les écouter quand vous avez des temps d'attente où vous êtes inactif(ve). Les attendus de fins de cycles sont importants et méritent que vous y consacriez un peu d'attention.

Le Socle Commun de Connaissances, de Compétences et de Culture explique les grandes intentions de l'Éducation Nationale qui se déclinent en cinq grands domaines. Il faut le connaître par cœur, car vous y ferez forcément référence et on vous questionnera dessus.

Les 6 fonctions d'étayage sont elles aussi à connaître par cœur car elles vous permettront d'analyser les gestes professionnels de l'enseignant lors des parties de didactique de français et de mathématiques.

Vous devez pouvoir faire également référence au **Référentiel de compétences des métiers du professorat et de l'éducation**. C'est le cadre dans lequel vous évoluerez en tant qu'enseignant. Vos formateurs se baseront sur ce document pour évaluer vos compétences durant votre année de PFSE. Il faut savoir qu'il date de la publication du BO du 25 juillet 2013 et il faut l'avoir lu au moins une fois.

En CSE et en EPS, toutes les fiches sont à bien connaître également, surtout les dates importantes, les rôles de chaque personnel de l'Éducation Nationale et des institutions partenaires, les dispositifs existants.

L'histoire du système éducatif français, de l'antiquité à nos jours, est à connaître. Même si aucun livre de révision de CSE ne vous le dit, il faut vous imprégner de toute son histoire, afin de mieux la comprendre. En effet, vous pencher sur son histoire vous permettra de mieux comprendre son fonctionnement actuel. Votre travail de révision de la CSE sera alors facilité. Il ne s'agit pas de lire des centaines de pages sur le sujet. Un résumé suffit amplement. A titre informatif, ce livre[2] très rapide à lire (moins de 30 pages) adapté aux besoins du concours vous permettra d'acquérir les connaissances essentielles. Il existe aussi d'autres ouvrages, plus touffus, et donc plus longs à lire, sans pour autant vous apporter plus d'éléments utiles.

En plus de ces textes à connaître, vous devrez aussi vous familiariser avec le lexique de l'enseignant. Pratiquer un nouveau métier, se professionnaliser, c'est aussi acquérir un nouveau vocabulaire. C'est pourquoi vous devriez vous y mettre immédiatement. Par exemple, en grammaire, savez-vous ce que signifient les termes : la valeur générique d'un déterminant, l'emploi anaphorique d'un groupe nominal, l'expansion du nom, des noms épicènes, des homonymes, une phrase de forme emphatique ? Vous trouverez toute une liste de mots à connaître ici[3]. A vous de la compléter suivant vos besoins…

---

[2] L'Histoire du système éducatif – édition 2020 – Guillaume Weisberg. Disponible sur Amazon au format Kindle ou Broché. http://www.amazon.fr/Lhistoire-systeme-éducatif-pour-CRPE/dp/B0892HXZKW
[3] Fiche de Révision - Lexique grammatical : http://crpe.prepa-en-ligne.fr/images/Fiches/1-LexiqueGrammaire

Quels sont les outils pour réviser efficacement ?

Pour arriver en tête du classement, il s'agit de faire de votre mieux, mais il s'agit aussi de ne pas faire les mêmes erreurs que les autres candidats. Comment savoir quelles sont les erreurs les plus courantes afin de les éviter ? La réponse se trouve tout simplement dans les rapports de jurys. C'est une mine d'or des erreurs à ne pas commettre, aussi bien pour les épreuves écrites que les épreuves orales. Lisez-les ici[4]. Ainsi, vous en apprendrez plus sur les attentes de vos évaluateurs.

Les livres de révisions les plus en vue :

Le premier réflexe de tout(e) bon(ne) candidat(e) sera, comme vous l'avez peut-être déjà fait, d'acheter des livres de révision. Votre choix se portera sur l'une ou l'autre des éditions les plus connues qui se partagent le marché. Ces livres ont le mérite de montrer ce qu'il faut faire, à travers des exemples de corrigés d'annales ou d'exercices.

En revanche, les lire ne vous donnera pas de compétences sur la façon de répondre aux questions lors de l'examen car ils ne livrent pas toutes les clés aux candidat(e)s en attente de vrais outils. C'est un peu comme si un sauteur à la perche vous faisait une démonstration de saut sans vous expliquer ni sa technique, ni son entraînement. Pourriez-vous réussir votre saut après avoir juste observé le sien ? A chaque fois que vous réviserez avec les livres que vous aurez en main, vous devrez vous demander si ce que vous en tirez sera ré-exploitable le jour du concours.

De plus, ces ouvrages ont le défaut d'être très complets et ne vont pas à l'essentiel. Il vous faudra ingurgiter en moyenne plus de 600 pages, rien que pour les révisions du français.

Quant aux livres de préparation aux épreuves orales, ils se contentent d'apporter du contenu à apprendre, mais n'aident pas les candidats à franchir l'obstacle. Ils n'apportent pas de savoir-faire sur l'organisation à mettre en place pour réussir l'épreuve.

Pour ces différentes raisons, j'ai contribué avec d'autres professeurs à l'élaboration de cette plateforme[5] sur laquelle vous pourrez travailler efficacement même depuis votre

---

[4] Rapports du Jury 2019 : http://crpe.prepa-en-ligne.fr/crpe/rapport-jury-2019-crpe.html
[5] crpe.prepa-en-ligne.fr

smartphone et dans laquelle vous pourrez interagir en posant vos questions si besoin, choses que ne permettent pas les livres. Aucun autre site ne permet de se préparer au CRPE de façon aussi autonome et complète. Vous y trouverez beaucoup de contenus sous forme de textes et de vidéos, par rubrique, des quiz, ainsi qu'une aide personnalisée si vous souhaitez aller plus loin.

Vous y trouverez également des fiches de révisions. Les écrire vous-même vous ferait perdre un temps considérable et le format papier n'est pas pratique à transporter ! Par ce biais, vous pourrez les avoir sur votre smartphone, donc constamment sur vous. Le site propose également des cours particuliers à distance pour recevoir toutes les réponses aux questions qui vous traversent l'esprit, faire des examens blancs, et avoir une aide personnalisée, un coaching. Apprenons avec les outils de notre temps !

Enfin, il serait impossible d'aborder les outils de révision ou d'entraînement sans parler d'Eduscol. Ce site est une mine d'or car on y trouve tout ce qui concerne l'Education Nationale. C'est son site officiel à connaître. Attention cependant, car il y a tellement d'informations qu'on peut facilement s'y perdre et se décourager.

Comment apprendre vos fiches par cœur ?

Pour apprendre vos fiches, vous avez besoin de revenir fréquemment dessus. Mais consacrer un temps pour faire cela chaque jour, voire chaque semaine est compliqué. La meilleure façon de procéder consiste à identifier les moments de la journée pendant lesquels vous ne faites rien de spécial et avez l'esprit libre pour y placer un temps de révision. Mais ces moments-là sont plutôt rares de nos jours, et surtout, ils ne sont pas réguliers. Pourtant, en cherchant bien, on peut encore en trouver : ce sont les moments intimes, pendant lesquels on se lave les dents, les mains ou bien quand on s'enferme aux toilettes ! Sélectionnez vos fiches de révision à apprendre par cœur et collez-les à l'intérieur de vos toilettes, sur la porte, et sur les murs de votre salle de bain. De cette manière, vous lirez ces fiches au moins 10 fois par jour, quand vous passerez aux toilettes et quand vous vous laverez les dents ou les mains. Cela peut sembler bizarre à première vue, mais vous pouvez ainsi utiliser des petits « temps perdus » à bon escient, pour relire plusieurs fois par jour les mêmes fiches. Autrement, il faudra fournir un effort beaucoup plus important (et pénible) pour les apprendre.

Pour apprendre de façon durable une leçon, il faut l'expliquer soi-même à quelqu'un d'autre, même s'il s'agit de quelque chose que l'on vient de découvrir. Nous apprenons mieux en expliquant à d'autres ce que nous venons de comprendre. Partant de là, lisez toutes vos fiches en vous disant qu'il faudra les expliquer à d'autres personnes, et si vous le pouvez, faites-le vraiment avec un proche ! Positionnez-vous en tant qu'expert et donnez un cours de CSE, d'EPS, de français ou de maths à votre conjoint(e), votre grand-mère ou votre oncle !

Réussir les épreuves écrites

Quelques conseils pour le jour-J

Réussir ces épreuves ne vous donnera pas seulement le droit de passer aux épreuves orales. Elles vous attribueront un nombre de points qui comptera pour la note globale. Avoir un maximum de points vous donnera donc un avantage évident sur les autres candidat(e)s qui seront derrière vous. C'est pourquoi il faut vraiment y gagner un maximum de points en s'entraînant beaucoup et en se mettant dans les bonnes conditions mentales le jour-J. Voici donc quelques conseils qui vous permettront de vous mettre en conditions de réussite...

Afin d'être préparé(e), faites votre sac la veille. Ainsi, aucun risque d'oublier quelque chose ou de perdre du temps sur l'heure prévue du départ le matin. Voici la check-list (à titre indicatif ! cela pourrait changer une année) :

- La convocation ;
- La carte d'identité (pas de photocopie) ;
- Les papiers de voiture
- La carte bancaire au cas où ;
- Trousse avec plusieurs stylos, des surligneurs, une calculatrice avec piles neuves, une règle, une équerre, un compas, un rapporteur, un crayon gris et une gomme ;
- une montre ;
- de l'eau et de la nourriture pour tenir pendant quatre heures sans faire d'hypoglycémie ;

- Votre smartphone chargé mais éteint ;
- des mouchoirs jetables ;
- un parapluie ;
- des vêtements et chaussures de rechange en cas de pluie ;
- un coussin de chaise.

Pas de feuilles de brouillon, car elles vous seront distribuées sur place.

Trop de candidats oublient leur carte d'identité, leur cartouche de stylo encre, ou les piles de leur calculatrice.

Dans la mesure du possible, ne vous rendez pas seul(e) au lieu de convocation. Faites-vous accompagner par un proche. Cela vous aidera à prendre confiance en vous et sera bon pour votre moral.

Si vous habitez loin du lieu de convocation, il sera trop risqué de faire la route le matin même. Un tas de problèmes peuvent se mettre en travers de votre chemin et vous faire arriver stressé(e) (dans le meilleur des cas) ou en retard (dans le cas le plus regrettable). C'est pourquoi il est préférable d'investir dans une chambre d'hôtel proche du lieu de convocation. Même si cela représente un budget conséquent, vous ne le regretterez pas car vous serez plus serein(e).

Repérer le trajet à faire et faîtes le plein d'essence la veille, car il est trop risqué de le faire au dernier moment.

Prenez pour objectif d'arriver 30 minutes avant l'heure de la convocation, car cela vous évitera de courir le risque de trouver portes closes à cause d'un retard de cinq minutes. Il y a des déceptions de ce genre dans chaque académie, chaque année.

Aller prendre un café au coin de la rue juste avant l'ouverture des portes peut aussi se révéler risqué, car vous pourriez laisser passer l'heure. Attendez donc devant les portes !

Toutes ces actions d'organisations permettent d'arriver sereinement et d'avoir l'esprit disponible au concours.

Ne pas se laisser impressionner : de nombreuses personnes attendront devant le bâtiment qui servira ce jour-là de centre de concours. Cela peut être déconcertant, d'autant plus que vous serez seul(e) au milieu de cette foule. Ne vous dites pas que tous ces gens passeront devant vous au classement final. Gardez confiance en vous.

Dites-vous que vous êtes exactement à votre place, que vous allez donner le meilleur de vous-même, que vous allez faire ça pour vous, mais aussi pour votre famille qui vous soutient et qui compte sur vous. Respirez. Faites des exercices de respiration pour garder le contrôle sur la gestion de vos émotions. Si on a fait des efforts pour ne pas se laisser impressionner, il y a quand même de quoi être un peu tendu, surtout en arrivant dans un gymnase immense rempli de tables, avec des milliers de personnes.

Ne pas avoir de stylo effaçable : Ces stylos sont déconseillés car ils s'effacent au contact de la chaleur. Il faut savoir que les copies sont numérisées pour la correction. La chaleur dégagée par l'opération de numérisation effacerait votre écriture. Sachant cela, si vous optez pour un stylo ordinaire, vous devrez utiliser un correcteur blanc. Malheureusement, ce dernier passe très mal à la numérisation et se transforme en gros pâté illisible. Alors quel stylo choisir ? Le choix le plus adapté semble être celui du stylo plume accompagné d'un effaceur. Il suffit de trouver le stylo plume qui conviendra à votre façon d'écrire. Sur le papier d'examen, l'encre ne bave pas.

Se renseigner à l'avance sur les conditions météo et sur la configuration de la salle pour ne pas se laisser surprendre : Pour être à son aise pendant les épreuves, il faut avoir les pieds au sec et ne pas avoir froid. On ne chauffera pas le gymnase glacé qui servira de centre de concours ce jour-là. S'il pleut, que vous avez les pieds mouillés, les 4h d'épreuve se transformeront en calvaire. De plus, vous pourriez tomber malade et déclarer forfait pour l'épreuve suivante. Vous aurez donc prévu des chaussettes/chaussures de rechange et un bon pull au cas où. Apporter un petit coussin à glisser sous vos fesses peut se révéler utile, car rester assis pendant 4 heures sur une chaise en bois peut être inconfortable. Bref, vous devrez vous débarrasser de toutes les choses susceptibles de vous rendre mal à l'aise pendant ces 4h.

Avoir un chronomètre et noter l'heure à laquelle on commence chaque grosse partie de l'épreuve. Cela permet de respecter ses objectifs de temps.

Pour espérer être admissible, c'est-à-dire avoir le droit de passer les épreuves orales, il faut obtenir un certain nombre de points : c'est le seuil d'admissibilité que vous pourrez consulter dans votre académie. Il varie d'une académie à l'autre. Si votre nombre de points à l'issue des épreuves écrites vous permet d'être admissible sans pour autant être très élevé, ne perdez pas espoir, car rien n'est perdu : beaucoup de candidats révisent bien les épreuves écrites, mais négligent la révision des épreuves orales. Vous leur repasserez devant en étant à 100% dans les révisions (que vous aurez déjà entamé en attendant les résultats d'admissibilité).

L'épreuve écrite de français

(Durée : 4h – 40 points dont 5 points pour l'orthographe)

L'épreuve comporte 3 parties :

- Partie 1 (11 points) : Analyse d'un corpus de textes
- Partie 2 (11 points) : Connaissance de la langue.
- Partie 3 (13 points) : Didactique du français (analyse d'un dossier composé d'un ou plusieurs documents d'enseignement du français et de productions d'élèves).

Dans cette épreuve, la gestion du temps est primordiale. Elle s'acquiert avec l'entraînement aux concours blancs. Cette façon de s'entraîner vous fera réaliser à quel point il est utile d'appliquer une méthode efficace, notamment pour la première partie, l'analyse de corpus de textes.

La partie 1 : Analyse d'un corpus de texte

C'est la partie que les candidat(e)s réussissent le moins bien en général (voir les rapports de jurys à ce sujet). C'est donc là qu'il y a le plus d'écueils. Pour réussir cette partie, il faut être méthodique. Une fois qu'on a compris la méthode à suivre, c'est comme tout, on y arrive !

Voici les étapes à suivre pour la rédaction pour ne pas se perdre et perdre du temps :

1) Lire les textes et les annoter en écrivant des remarques sur le positionnement de l'auteur. Par exemple, il doute, il a un rapport mystique avec l'objet, il est nostalgique, il est plein d'espoir... Dégager la ou les idées principales de chaque texte.

2) Écrire ce que fait chaque auteur. Par exemple, « Il dresse le portrait de... ; il porte son regard ; il s'intéresse à ... ; il centre son intérêt sur ... » pour s'en servir dans l'écriture de l'introduction (Voir la partie qui traite de l'introduction).

3) Dégager le plan détaillé : I] a) b) c) II] a) b) c) avant d'écrire l'introduction, car on a besoin de connaître les deux parties dans l'introduction au moment où on annonce le plan

4) Écrire l'introduction directement sur la copie.
5) Relire les textes en soulignant en bleu les morceaux qui se rapportent au I] a), en entourant en bleu les morceaux qui se rapportent au I] b) et en soulignant en pointillés bleus les morceaux de texte se rapportant au I] c), et en soulignant en rouge les morceaux qui se rapportent au II] a), en entourant en rouge les morceaux qui se rapportent au II] b) et en soulignant en pointillés rouges les morceaux de texte se rapportant au II] c)
6) Écrire la première partie du développement I]
7) Relire les textes et sélectionner comme expliqué précédemment les morceaux qui se rapportent à chaque sous-partie du II], en rouge cette fois.
8) Écrire le développement.
9) Écrire la conclusion

Avec cette méthode, on ne lit que deux fois les textes, ce qui est un minimum. Cependant, leur lecture est très chronophage et demande un gros effort de concentration. En effet, il faut arriver à se souvenir de tout ce qui est dans chaque texte. C'est pourquoi il vaut mieux faire cette partie en premier ou en deuxième, au moment où on est frais, mais pas en dernier. Dans tous les cas, vous devrez être capable de faire la rédaction en 1h45 maximum. Mais en vous entraînant avec les outils proposés ici pour chaque partie, vous y arriverez sans problème !

Le principe de l'épreuve, ce qu'on attend des candidat(e)s, c'est de réfléchir à la question posée en prenant comme seul support les textes proposés. Il ne faut pas donner son avis, mais formuler une réponse objective qui reprenne tous les arguments des auteurs. L'analyse doit être synthétique, surtout pas littéraire. C'est un exercice qui répond donc à une méthode. Il y a une méthode pour rédiger l'introduction, une méthode pour le développement et une méthode pour la conclusion. A partir de là, tout le monde peut réussir.

L'introduction

Pour la partie d'analyse d'un dossier, il est très important de faire une bonne introduction, car le correcteur se dira en vous lisant : « Enfin une bonne copie ! ». Si elle correspond bien aux attentes, cela vous rapportera 1,5 point. C'est peu, mais cela peut faire la différence, le principe d'un concours étant de se battre pour chaque petit point. Pour bien rédiger votre introduction, vous pouvez la préparer dès à présent :

recopiez sur une feuille toutes les introductions que vous trouverez dans les annales. Vous pourrez ainsi voir qu'elles sont toutes taillées dans le même moule. Elles suivent toutes plus ou moins le même plan. Vous pourrez ainsi repérer ces similitudes et apprendre des formules par cœur. Le jour du concours, vous devrez savoir avant même de commencer l'épreuve ce qu'il y aura dedans. Bien sûr, vous n'aurez pas l'intégralité de votre introduction en tête, mais vous n'aurez plus qu'à combler les trous de votre introduction type.

Dans l'introduction, on retrouve :

- La question générale, la problématique
- Ce que fait chaque auteur dans son texte
- Les points communs des trois auteurs (et leurs différences)
- Ce que permettent d'analyser leurs différents points de vue.

Voici donc l'introduction type que vous pouvez utiliser :

.... (le sujet global du corpus) est un sujet qui a déjà fait couler beaucoup d'encre. Dans quelle mesure ... ? (la problématique) Trois écrivains s'emparent ici de cette question, à travers différents textes. [Nom et prénom de l'auteur 1] dans [texte 1] publié en [date1] centre son intérêt sur .... [Nom et prénom de l'auteur 2] dans [texte 2] publié en [date2] s'intéresse à ....[Nom et prénom de l'auteur 3] dans [texte 3] publié en [date3] porte son regard sur ... (Ce que fait chaque auteur dans son texte). Les trois auteurs sont convaincus de ... (point commun des trois auteurs sur le fond), traitent ce thème chacun avec leurs spécificités. En revanche, on peut apercevoir quelques désaccords entre eux sur ... Dans une première partie, nous verrons ... (Première partie de la question du sujet). Il sera intéressant d'analyser dans un second temps ... (Deuxième partie de la question du sujet).

Ce modèle fonctionne très bien. Vous pouvez bien entendu y ajouter du contenu suivant le sujet qui tombera et votre inspiration.

Exemple d'une introduction, avec un sujet fictif sur les nouvelles technologies : « Vous analyserez quelle est la place donnée aux nouvelles technologies dans la société et dans la construction de l'individu. » :

L'utilisation des nouvelles technologies est un sujet de société qui a déjà fait couler beaucoup d'encre, malgré la récente apparition de leur invention et de leur développement. Dans quelle mesure ces outils relativement nouveaux représentent-ils un bénéfice pour notre société et que peuvent-ils apporter à chacun de nous ? Trois écrivains s'emparent ici de cette question à travers différents textes : D.P, dans son article <u>Les géants de la techno</u> paru en 2010, centre son intérêt sur l'apport des outils technologiques à notre société ; F.G dans son texte <u>La voie des nouvelles technologies</u>, publié en 2016, s'intéresse au rôle des nouvelles technologies dans la société occidentale et dans l'utilisation qui en est faite à l'école. Enfin, H.D dans son poème <u>L'ordinateur et notre culture occidentale</u> publié en 1996 porte son regard sur les évolutions de la culture occidentale occasionnées par l'informatique. Les trois auteurs ont des avis divergents sur le rôle des nouvelles technologies dans l'évolution de la société et traitent ce thème, chacun avec ses spécificités. En revanche, ils se rejoignent sur l'importance de l'informatique dans l'éducation. Dans une première partie, nous verrons quelle est la place des nouvelles technologies dans la société. Il sera intéressant d'analyser dans un second temps leur rôle dans la construction de l'individu.

Les auteurs et les titres de textes ont été inventés pour l'exemple.

Vous pourrez rédiger votre propre modèle d'introduction à trous si vous tenez à faire cela par vous-même, simplement en lisant toutes les introductions que vous trouverez dans les corrigés d'annales et en notant leurs similitudes. Idem pour la conclusion, que nous aborderons après le développement.

- Le développement :

Si votre sujet est une question en deux parties, la première partie du développement (I) sera la première partie de la question, et la deuxième partie de la question sera la deuxième partie du développement (II). La question du sujet vous indique donc le plan à suivre.

Par exemple, avec le sujet : « Vous analyserez la place des nouvelles technologies dans la société et dans la construction de l'individu. », vous avez deux parties :

I)   La place des nouvelles technologies dans la société

II) La place des nouvelles technologies dans la construction de l'individu.

Le sujet pourra être : « Analyser ... » ou « Quel regard... » (question contenant soit une, soit deux parties) ou encore une question générale. Pour chaque cas, il est très utile d'apprendre quelles parties de développement vous pourriez faire afin de gagner en rapidité de rédaction.

En effet, vous pourriez être stressé(e) de ne pas trouver d'idées pour vos deux parties du développement.

Voici donc un tableau les présentant :

Type de sujet	Plan possible	
	Question en 2 parties	Question en une partie
« Analyser... »	I] Première partie de question II] Deuxième partie de question	I] Première partie de question II] Ses limites

Type de sujet	Plan possible

« Quel regard portent les auteurs sur ... »	I] Comment ce regard se manifeste ?
	II] Quels sens ?
	    OU
	I] Diversité des regards
	II] Enjeux liés à ces regards (la figure du lecteur, le rôle des femmes, le racisme...)
	    OU
	I] Quels regards ?
	II] Quelles en sont les causes, les conséquences

Type de sujet	Plan possible

Question générale en une partie.
Par exemple : « Existe-t-il un amour heureux ? »
	I] Oui et Non
	II] Conditions/Limites
	    Ou
	I] Conditions
	II] Précisions
	    Ou
	I] Ce que ça représente pour chacun
	II] Le développement/ La construction de l'individu.
	    Ou

	I] Liens/ Relations entre deux notions II]Oppositions/Limites des relations

Pour bien commencer chaque partie du développement :

La première phrase de votre première partie de développement est simplement la question ou l'argument qu'elle aborde. Elle peut être une phrase sous forme de question.

La phrase suivante exprime la position des auteurs, les uns par rapport aux autres.

La phrase d'après détaille ce qu'en pense un des auteurs, avec votre commentaire/analyse.

Puis les phrases suivantes indiquent le positionnement des autres auteurs par rapport au premier. En effet, l'originalité de l'analyse est de faire dialoguer les auteurs. Il peut y avoir des arguments contraires ou des arguments similaires : « l'auteur X développe l'idée que... soutenue également par l'auteur Y ». Vous pourrez dire également : « L'auteur Y n'est absolument pas d'accord, va plus loin que lui, apporte de la nuance, défend la même idée, va à contre-courant ... ».

Idem pour votre deuxième partie.

Pour illustrer cela, voici un exemple d'un début de première partie de développement à partir du sujet fictif : « Vous analyserez quelle est la place donnée aux nouvelles technologies dans la société et dans la construction de l'individu. »

Quelle place est donnée aux nouvelles technologies dans notre société ? [Première phrase sous forme de question, pour reprendre la première partie du sujet] D.P, F.G et H.D, bien qu'ayant des avis similaires sur le phénomène de montée en puissance des entreprises liées au numérique, se démarquent les uns des autres lorsqu'il s'agit d'évoquer l'importance du rôle des nouvelles technologies dans les évolutions de notre culture. [Position des auteurs les uns par rapport aux autres : les points de convergence et les points de divergence] En effet, D.P livre un point de vue très favorable [c'est votre analyse : à la lecture de son texte, vous comprenez qu'il est très favorable] à ce qu'il appelle « les technologies du futur pour la génération présente » qui, selon lui, font évoluer la culture et les connaissances du passé. Il a donc un avis assez tranché [votre analyse] sur la question, à contre-courant de celui de F.G, qui doute [votre analyse] encore du rôle des nouvelles technologies dans « un changement incertain de notre culture ». Quant au troisième auteur, H.D, il semble nier l'existence même d'une culture occidentale, contrairement aux deux autres qui croient en elle de façon quasi-religieuse et la défendent [votre analyse] : Elle est pour l'un « un don du ciel qu'il faut préserver » et pour l'autre « une culture sacrée dont hériteront nos enfants »... (à continuer)

Il est important de souligner le dialogue que cette rédaction fait apparaître entre les trois auteurs.

Notez également l'importance des mots de liaison (en effet, Quant à, donc...) qui sont indispensables pour donner de la fluidité à votre texte.

Cette rédaction <u>de début</u> de première partie de développement, totalement inventée pour les besoins de cette formation, est unique et ne peut pas vous servir d'exemple à apprendre, mais sa construction méthodique, que nous avons étudié ici, est réutilisable pour tous les autres sujets.

- La conclusion

Vous devez finir en beauté. Soignez votre conclusion. Elle n'a pas besoin d'être très longue et tient simplement en une ou deux phrases.

Votre conclusion répond à la problématique, à la question posée par le sujet.

Elle contient une formulation telle que :

- Ces quatre textes permettent donc de penser...
- Finalement, ce dossier permet d'appréhender...
- Ce dossier nous a permis de rencontrer...
- Dans ce dossier, l'objet étudié apparaît comme ...
- Dans tous ces textes, le regard des auteurs sur la guerre est...
- Ce dossier montre que...

Il suffit d'essayer de caser une de ces formulations, en fonction du sujet, pour être sûr(e) de bien conclure.

Pendant vos révisions, consacrez un temps dédié à l'entraînement de l'introduction, un autre temps dédié au développement et un autre à la conclusion.

L'analyse de corpus de textes est la partie qui nécessite obligatoirement un entraînement en condition de concours. C'est à cause d'un mauvais entraînement à cette partie que les candidat(e)s perdent du temps et rendent des copies incomplètes.

Dans le pire des cas, si vous n'avez pas le temps de faire cette partie, écrivez sur votre copie l'introduction, le plan que vous aviez prévu de développer et la conclusion. Comme il y a 1,5 point par partie, vous n'aurez pas 0, mais 4,5 points (1,5 x 3). Cela peut faire la différence.

La partie 2 : Connaissance de la langue

Vous devrez être capable de traiter cette partie en 40 min maximum.

Cette partie de l'épreuve comporte beaucoup de choses à apprendre et de subtilités à connaître. Même les personnes qui ne font pas d'erreurs d'orthographe ou de syntaxe auront parfois du mal à expliquer la langue par la grammaire. Le niveau d'exigence du concours est élevé. Faites donc un maximum d'exercices corrigés, avec des corrections expliquées. Comme pour le code de la route, plus vous en ferez, moins vous ferez d'erreurs.

La partie 3 : Didactique du français

Dans cette partie, on vous demande d' « analyser » une séance ou des supports d'enseignement.

Qu'attend-on concrètement de vous ?

Analyser une séance ou des supports d'enseignement, c'est :

1) Donner le contexte et les objectifs pédagogiques (sont-ils en accord avec les programmes ?)
2) Dire quel est le rôle de l'enseignant (ce qu'il fait et est-ce cohérent avec son objectif ?)
3) Les prérequis des élèves
4) Dire les intérêts et les limites de la séance proposée

5) Vérifier le nombre d'exercices, leur progressivité, s'ils sont prolongés d'une production d'écrit
6) Apprécier la cohérence interne des documents pour repérer les écarts entre les intentions et la mise en œuvre proposée (voir si le dispositif permet d'atteindre les objectifs visés).
7) Les pistes de mise en œuvre ou les prolongements

Vous devrez être capable de consacrer 1h30 à cette dernière partie, de manière à réserver quelques minutes à la relecture de votre copie.

Dans le cas d'un sujet comprenant l'évaluation d'une production écrite d'élève, vous devrez commenter :

- Le niveau atteint par rapport au niveau attendu (voir les programmes[6])
- Les erreurs commises (voir la grille de typologie des erreurs de Nicole Catach)
- La régularité des erreurs (erreurs maintenues ou occasionnelles) -> plus ou moins faciles à corriger.
- L'époque de l'année scolaire (pas la même réaction de l'enseignant(e) suivant la période).

Pour vous permettre de grapiller le plus de points possibles sur la partie 3, mais aussi parce que cela vous sera aussi utile toute votre vie professionnelle, voici une liste des questions de didactique qui reviennent constamment :

1) Quelles sont les différentes conceptions de l'apprentissage ? Behaviorisme, constructivisme, socioconstructivisme
2) Quelles conceptions sont privilégiées de nos jours ?
3) Qu'est-ce qu'une situation problème ?
4) Quelles sont les différentes parties d'une séquence ?
5) Quelle est la définition de l'institutionnalisation ?
6) Qu'est-ce que l'évaluation ? Quelles sont ses différentes formes ? Quelles peuvent être ses modalités ?
7) Quelle est la différence entre faute et erreur ? Que permet l'erreur ?
8) Qu'est-ce que la différenciation ? Citez différentes formes de différenciation. Quelle différence y a-t-il entre différenciation et individualisation ?

---

[6] http://crpe.prepa-en-ligne.fr/crpe/docs-utiles.html

9) Qu'est-ce que l'étayage ?
10) Qu'est-ce que la zone proximale de développement ?
11) Pourquoi le langage est-il mis en avant dans les programmes scolaires ?
12) Quels sont les troubles du langage et de l'écrit ?
13) Qu'est-ce que la conscience phonologique et le principe alphabétique ? Quelles activités mettre en place pour développer la conscience phonologique ?
14) Quelle est la place de l'écrit en cycle 1 ? Par quels types d'écrits peut-on favoriser l'acculturation à l'écrit en cycle 1 ?
15) Quel type d'écrit peut-on lire aux élèves en cycle 1 ?
16) Quels sont les trois niveaux de lecture ? Quelles sont les différentes méthodes de lecture ? Au niveau des programmes, quelles sont les différences entre les cycles 2 et 3 pour ce qui concerne la lecture ?
17) Quelles sont les trois étapes du processus rédactionnel ?
18) Comment travailler l'oral en élémentaire ?
19) Qu'est-ce que la démarche inductive et la démarche déductive ?

Pour chaque question, le correcteur attend deux ou trois éléments de réponses, écrits de façon synthétique. Si vous écrivez un roman d'une page pour chaque question, vous n'aurez pas le temps de tout faire et votre correcteur va vous maudire.

Préparer le dossier de mise en situation professionnelle vous oblige à vous plonger dans la préparation d'une séquence. Vous serez donc contraint(e) de vous pencher sur la didactique. Même si ce dossier n'est pas une séquence de français ou de mathématiques, le préparer avant les épreuves écrites vous sera très utile.

L'épreuve écrite de mathématiques

(Durée : 4h - 40 points dont 5 points pour l'orthographe)

Cette épreuve se compose de 3 parties :

- Partie 1 (13 points) : Un problème de niveau 3ème
- Partie 2 (13 points) : Exercices variés et indépendants de niveau 3ème
- Partie 3 (14 points) : Didactique

Si vous ne vous sentez pas assez à l'aise avec cette épreuve, faites un maximum d'exercices et investissez dans des cours particuliers.

Dans ce cas, votre objectif ne sera pas d'avoir le maximum des points. Même si vous êtes perfectionniste, rien ne sert de vous mettre la pression. Vous pourrez tout de même d'obtenir pas mal de points en connaissant bien vos théorèmes et vos formules, et en travaillant sur la didactique.

Si au contraire, vous avez un bon niveau, vos révisions pourront être plus détendues, mais votre objectif sera tout de même d'avoir le maximum de points. Évitez de partir dans des démonstrations compliquées. Il faut utiliser la démonstration la plus simple possible, au risque même d'être sanctionné(e). Vous devrez mettre l'accent sur les révisions de la partie didactique.

Le principal objectif de l'épreuve est d'évaluer votre capacité à expliquer les mathématiques, à les mettre en forme pour les rendre accessibles aux élèves. Il faut donc apporter un soin particulier à la présentation et à la rédaction qui exprime le détail du raisonnement.

Un exemple avec ce problème : Fanny doit acheter du pain. Elle a 1 pièce de 50 centimes, 2 pièces de 20 centimes et 1 pièce de 5 centimes. La baguette coûte 92 centimes. A-t-elle assez d'argent ? Si oui, combien lui rendra la caissière ?

Tou(te)s les candidat(e)s sauraient résoudre ce problème sans difficulté. La différence se fera donc dans la manière de rédiger la réponse. Une rédaction adéquate serait :

- <u>Calcul de la somme totale :</u>

J'additionne toutes les pièces : 50 + 20 + 20 + 5 = 95

Donc Fanny a <u>95 centimes</u>.

- <u>Comparaison avec le prix d'une baguette :</u>

95>92 donc Fanny a assez d'argent pour acheter une baguette.

- <u>Calcul de la monnaie rendue par la caissière :</u>

95 − 92 = 3

Donc la caissière lui rendra <u>3 centimes</u>.

Même s'il s'agit de l'épreuve de mathématiques, il faut soigner son écriture et son orthographe. Il faut utiliser un vocabulaire précis. Les résultats sont à souligner.

Comme pour la partie didactique du français, voici les questions qui reviennent sans arrêt à l'épreuve de didactique de mathématiques :

1) Quelles sont les 6 compétences de mathématiques à acquérir en élémentaire ?
2) Comment résout-on un problème ?
3) Quels types de problèmes sont travaillés en cycle 1 ?
4) Quelles activités proposer pour reconnaître les chiffres ?
5) Quelles procédures les élèves mettent en place pour comparer des nombres entiers ?
6) Comment peut-on exprimer les nombres décimaux au cycle 3 ?
7) Quelles sont les erreurs fréquentes de l'écriture des fractions ?
8) Comment les élèves peuvent-ils comparer des nombres décimaux et des fractions ?
9) Quelle est la place et quels sont les objectifs du calcul mental à l'école élémentaire ?
10) Quelles sont les procédures utilisables pour la résolution d'un problème de calcul ?
11) A partir de quelle classe sont travaillées les quatre opérations ?
12) Quelle est la typologie des problèmes d'addition et de soustraction ?
13) Quelle est la typologie des problèmes de division et de multiplication ?
14) Quelle est la typologie des problèmes de proportionnalité ?
15) Quelle est la typologie des problèmes de géométrie ?

16) Qu'est-ce qu'une grandeur et une mesure ? Dans quel ordre faut-il étudier les grandeurs et leurs mesures ?

De même que pour la partie didactique de français, la partie didactique de mathématiques demande d'être assez synthétique et de donner deux ou trois éléments de réponse pour chaque question sans s'étendre. Il est important d'écrire les mots clés utilisés à bon escient. C'est ce que le correcteur regardera principalement. Par mots clés, il faut comprendre les mots du vocabulaire liés aux métiers de l'enseignement. Ainsi, le correcteur saura que vous avez déjà intégré le vocabulaire professionnel, ce qui facilitera la correction et fera la différence.

Réussir les épreuves orales

Ce sont les épreuves qui vont peut-être vous demander le plus de remise en question, car elles portent sur le métier de professeur des écoles qui peut paraître à la portée de tous au premier coup d'œil, mais qui se révèle pourtant être l'un des métiers les plus complexes dès qu'on s'en approche. Ces épreuves sont aussi plus difficiles à vivre parce qu'elles révèlent votre savoir-faire en matière de préparation, de réflexion, de positionnement. Elles révèlent également votre savoir-être : votre langage, votre comportement, votre tenue... un véritable entretien d'embauche.

Dans chacune de ces épreuves, les jurys vous poseront des questions de mise en situation professionnelle. Dites-vous que chaque situation délicate que rencontre l'enseignant(e) a une solution qui passe par le travail d'équipe (autres enseignant(e)s, directeurs, inspecteurs, médecins, psychologues, orthophonistes ...etc...) Il faut savoir que vous n'êtes jamais seul(e) face à une situation complexe. Le jury attend que vous sachiez faire appel aux différents acteurs, que vous connaissiez leurs rôles et que vous sachiez agir en bon(ne) professionnel(le) au sein du système éducatif.

En principe, si vous passez le troisième concours, vous n'avez pas fait de stage et vous n'avez pas une idée précise du métier de professeur des écoles, dans les détails. Ce sont sur des détails que vont se jouer les places au concours. Il faut montrer au jury que vous connaissez tous les détails.

Pour cela, 2 conseils à suivre :

- Travaillez sur des fiches de révision[7].

- Investissez dans des cours particuliers avec un(e) enseignante pour en apprendre plus sur le métier. Vous pourrez ainsi lui poser toutes les questions qui vous permettront de vous nourrir de ses connaissances et de son expérience. Il peut même être judicieux de faire appel à un(e) jeune professeur(e) des écoles, car la personne aura l'expérience fraîche du CRPE et pourra vous parler facilement des attentes du jury.

---

[7] http://crpe.prepa-en-ligne.fr/crpe/revision-crpe.html

Pour réussir ces entretiens d'embauche…

Habituellement, lorsque vous passiez devant un jury pour un entretien d'embauche dans les anciennes structures où vous aviez postulé, il était centré sur votre CV. La discussion s'enchaînait sur ce que vous saviez faire et ce que vous pouviez apporter à l'équipe déjà en place.

Au CRPE, c'est différent. Votre entretien d'embauche est en fait un exercice scolaire, une évaluation de vos connaissances. Toute votre expérience professionnelle et toutes vos compétences en lien avec l'enseignement mais sans rapport direct avec cet exercice ne vous serviront à rien. Le jury ne vous posera probablement aucune question au sujet de votre expérience professionnelle, même si vous arriviez à placer subtilement un mot là-dessus pendant l'entretien. Absolument tout ce que vous pourrez montrer au jury se résumera à votre image et à votre prestation orale, basée sur un sujet plus ou moins imposé. Il faut donc avoir une image soignée et maîtriser son discours, c'est-à-dire structurer ses idées, maîtriser le temps, et argumenter.

Votre image

La plupart des candidat(e)s habillé(e)s de façon décontractée le jour du concours se font éliminer. Pas de jeans, pas de chaussures sales, pas de short, même s'il fait très chaud. La tenue doit être impeccable. Vous devez à tout prix faire bonne impression, donc si possible, habillez-vous avec des vêtements neufs. Cela vaut peut-être le coup d'investir quelques dizaines d'euros dans une tenue vestimentaire adequat. Votre jury sera composé d'inspecteurs et de conseillers pédagogiques en costume ou en tailleur. Sans aller jusqu'à leur ressembler, votre image devra coller à celle qu'ils se font des professeurs des écoles. Sobre.

Dans les grilles d'évaluation, il n'y a pas de points attribués spécifiquement à l'apparence, mais vous n'y échapperez pas ! Est-ce une bonne chose ou pas ? Peu importe. Le jury doit penser que vous êtes une personne sérieuse dès le premier coup d'œil.

Votre discours

Un exposé structuré s'il vous plaît !

Les rapports de jurys insistent sur l'obligation de faire une introduction contenant l'annonce du plan, un développement et une conclusion. Ces trois parties sont indispensables. Tout(e) candidat(e) oubliant de faire une conclusion est lourdement pénalisé.

La gestion du temps, un impératif.

Pour les épreuves orales, les rapports de jurys disent qu'il est impératif de bien gérer son temps de parole. Gérer son temps veut dire que vous devez faire votre développement jusqu'à ce que le jury vous prévienne qu'il vous reste 1 minute. A ce moment-là, vous devez impérativement commencer la conclusion. C'est ce que le jury attend. Même si vous en êtes encore à votre première partie du développement, stoppez-vous et finissez proprement. Vous pourrez alors utiliser une formule du type : « Comme il ne reste pas assez de temps pour développer ma deuxième partie qui devait porter sur ..., je préfère stopper mon développement ici et conclure pour finir proprement. Nous avons vu que... Nous aurions pu voir dans une deuxième partie que... On peut en conclure que... » Le jury appréciera que vous organisiez votre discours et que vous en fassiez la conclusion, que vous maîtrisiez la clôture de votre discours, qu'il ne soit pas obligé de vous stopper en plein développement. Il n'y a rien de pire.

Pour montrer au jury votre professionnalisme et votre préparation dans la gestion du temps, ne vous présentez pas avec une montre. Utilisez un chronomètre ! Un vrai, pas celui d'un smartphone ! En outre, la connotation sportive de cet instrument vous donnera encore plus de légitimité à enseigner l'EPS aux yeux du jury qui vous fera passer cette épreuve.

L'argumentation

Chaque mot de votre discours devra s'appuyer sur des arguments. Et dans le domaine de l'éducation, plus votre niveau de connaissances générales est élevé, plus vous avez d'arguments imparables à développer. C'est ainsi que le jury testera l'étendue de vos connaissances générales. D'où l'intérêt de lire un maximum de livres ou d'articles sur la pédagogie, à l'histoire, à l'Enseignement Moral et Civique (EMC)... Il est aussi fortement conseillé de s'imprégner de ce qu'attendent les jurys pour leur dire les mots clés qu'ils ont envie d'entendre : argumentez sur vos pratiques professionnelles en mettant en avant les valeurs de l'école, les valeurs de la République française, les courants pédagogiques, le SCCCC, les programmes, les dernières études réalisées...

Le dossier de mise en situation professionnelle

Durée : 1h (20 min d'exposé et 40 min d'entretien) – 60 points

Le choix de la matière

Choisissez la matière que vous maîtrisez le plus, car le jury vous posera des questions pointues pour savoir si vous vous êtes documenté(e). Et les questions peuvent aller loin ! Si aucune matière ne se démarque pour vous, vous pouvez être tenté(e) par l'EMC, car les questions sur cette matière peuvent rejoindre celles de la CSE. Vous feriez alors d'une pierre, deux coups. Il faudra bien prendre une séquence en rapport avec les programmes du niveau de classe que vous aurez choisi et il faudra être capable d'argumenter chaque mot prononcé. Si vous le pouvez, réalisez cette séquence (du moins la séance que vous choisirez d'expliquer à l'oral) lors d'un stage (c'est pourquoi il est conseillé d'en faire un).

Une fois votre choix validé, plus tôt vous commencerez à vous lancer sur le dossier, mieux ça sera. Le travail à fournir est considérable, donc fixez-vous un échéancier respectant ces étapes :

1) Choisir le titre de la séquence et le niveau de classe en lisant les programmes
2) Ecrire les fondamentaux
3) Définir les finalités et les objectifs de la séquence
4) Ecrire l'évaluation en fonction des compétences à évaluer
5) Se documenter/ Lire des ouvrages sur la didactique de la matière choisie
6) Définir les séances par rapport à leur objectif et par rapport à l'évaluation établie au préalable
7) Faire relire le dossier et le corriger
8) Envoyer le dossier
9) Ecrire l'exposé et l'apprendre

Ce que le jury attend

Avant même de commencer votre rédaction de dossier, il peut être utile de savoir sur quels critères vous serez évalué(e). Si vous choisissez de présenter un dossier sur les sciences et technologie, voici la liste des critères d'évaluation des jurys. Ils sont sensiblement identiques dans toutes les académies et sont, pour la plupart, transférables aux autres matières :

PRESENTATION DU DOSSIER	Non Maîtrisé	A améliorer	Maîtrisé
Enoncé du titre et plan à venir			
Fondement scientifiques			
Place de la séquence dans les IO			
Place du thème dans les IO (Cycle 1 à …)			
Prérequis si nécessaire, obstacles, difficultés élèves			
Présentation des objectifs/ Compétences visées			
Supports d'enseignements de qualité			
Cohérence de l'enchaînement des séances			
Alternance des phases de travail des élèves			
Les consignes sont claires et adaptées aux élèves			
Respect de la démarche d'investigation			
Activités réelles des élèves			
Cohérence activités/objectifs pédagogiques			
Evaluation envisagée/ modalité d'évaluation			
Les modalités de travail des élèves sont variées			
Remédiation et différenciation proposées			
Prolongement envisagé			
MISE EN FORME	Non Maîtrisé	A améliorer	Maîtrisé
La syntaxe et l'orthographe sont bonnes			
La présentation est bonne et synthétique			
L'expression est digne d'un futur enseignant			
ENTRETIEN	Non Maîtrisé	A améliorer	Maîtrisé
Maîtrise de la démarche			
Maîtrise des demandes institutionnelles			
Capacité à expliquer les séances			
Capacité à reformuler certains points			
Capacité à envisager d'autres solutions, dispositifs			
Capacité à approfondir l'aspect transversal de la séquence présentée			
Capacité à décrire les rôles de l'enseignant tout au long de la séquence			
CAPACITE ORALE	Non Maîtrisé	A améliorer	Maîtrisé
Clarté du contenu (ensemble structuré)			
Qualité de l'expression (langage et élocution)			
Gestion du temps			
Présence (posture, regard)			

Avant de commencer la rédaction, lisez les remarques des jurys à propos de l'écriture des dossiers. Les principales erreurs des candidat(e)s des années précédentes vous permettront de bien répondre à leurs attentes : orthographe, syntaxe, présentation du sommaire, pagination ...

Pour l'écriture de votre dossier, ne pratiquez pas le copier/coller, car le jury s'en apercevra et ne vous le pardonnera pas. Faites donc un vrai travail personnel.

Etape 1 : Respecter le cadre des programmes

L'étape 1 consiste à prendre connaissance des programmes. Lisez les programmes de la discipline que vous avez choisie, pour tous les niveaux de classes. Cela vous donnera des repères. Ainsi, vous saurez si vous devez faire votre séquence en CM2 ou en CP et vous éviterez de vous tromper de niveau. Par exemple, si on souhaite travailler sur l'énergie et qu'on pensait utiliser à un moment les pourcentages, on sait qu'il faudra choisir le niveau de CM2, car les pourcentages y sont abordés (pas en début d'année).

Etape 2 : Sélectionner et rédiger les fondamentaux

Vous pouvez tirer les fondamentaux de recherches internet, de lectures, de documentaires vidéos... Vous pouvez les présenter dans un tableau ou une carte mentale pour être plus synthétique. Pour vous aider, vous pouvez utiliser un logiciel de création de cartes mentales en ligne.

Etape 3 : Définir la finalité et les objectifs de la séquence

Posez-vous la question : « Que faut-il que mes élèves aient appris à la fin de cette séquence ? » Cela vous donnera la finalité de votre séquence.

Posez-vous ensuite cette autre question : « Que faut-il qu'ils apprennent pour arriver à cette finalité ? ». Faites la liste de tout ce qu'ils doivent apprendre dans l'ordre et vous obtiendrez ainsi vos objectifs (un par séance). En toute logique, vos objectifs, tournés vers le développement de compétences, entrent bien dans le cadre des programmes, mais vérifions quand même ! Il est primordial de les définir avant d'écrire ce qu'on va faire.

Etape 4 : Définir les séances par rapport à leur objectif

Chaque objectif défini va donner lieu à une séance (parfois même deux suivant la classe).

Comme vous avez déjà défini vos objectifs, vous pouvez écrire l'évaluation que vous donnerez aux élèves en fin de séquence. Vous n'aurez alors qu'un seul but : les aider à réussir cette évaluation grâce à une séquence qui leur permette de bien apprendre.

Posez-vous la question : « Qu'est-ce que j'ai envie de faire pour que mes élèves atteignent l'objectif n°1, l'objectif n°2, l'objectif n°3 ... ? ». Cela vous donnera vos activités de séances (à diviser en une phase de recherche individuelle et une phase de recherche par groupe).

Posez-vous maintenant les questions : « Comment vais-je introduire la séance ? Quelle différenciation mettre en place ? Quelle modalité de travail vais-je utiliser ? Quels sont les prérequis que les élèves doivent avoir ? Comment vais-je faire la phase d'institutionnalisation ? Comment clôturer la séance ? Quel matériel dois-je utiliser ? Quelle préparation dois-je faire ? » Cela vous donnera votre fiche de préparation. Gardez en tête les questions de l'évaluation et l'objectif de la séance pour la construire.

Une fois votre dossier prêt, faites-le relire à une personne extérieure à l'Education Nationale. Si celle-ci ne comprend pas certaines choses, retravaillez-le jusqu'à ce que tout soit limpide. Tout au long de l'écriture de votre dossier, vous pourrez être conseillé.

La présentation du dossier

Comme personne ne vous le dit, vous pourriez être tenté d'envoyer vos exemplaires du dossier au jury sans lier les pages, ou avec une simple agrafe. Non ! Envoyez votre dossier relié et plastifié, avec la page de garde officielle qui vous sera fournie, et imprimez-le sur le plus beau papier disponible. Il est vrai que ça coûte un peu cher (approximativement 40€), mais ça fait professionnel ! Ne gâchez pas de précieux points pour quelques dizaines d'euros !

L'exposé

Pour l'épreuve de dossier de mise en situation professionnelle, il faut préparer votre exposé. Écrivez ce que vous allez dire lors de votre exposé, et apprenez-le par cœur. Répétez-le 100 fois s'il le faut en le chronométrant avec une diction naturelle, comme si vous n'aviez pas appris ce texte par cœur et que vous vous exprimiez en improvisant.

Comme pour les autres oraux, il est important de faire une bonne introduction, un plan détaillé et une bonne conclusion. Rédiger un tel texte qui prend 20 minutes à être dit de façon naturelle, comme s'il n'avait pas été appris par cœur, demande des heures de réflexion. On se relit, on pèse chaque mot...

Les textes disent que votre jury ne vous évaluera que sur votre oral, donc uniquement sur ce que vous direz, et pas sur votre écrit. Ceci est vrai, mais si vous décidez (pour une raison X) de modifier le déroulement de votre séquence après l'avoir remis au jury, et que cela créé une différence entre votre oral et votre écrit, le jury sera perdu car il mélangera immanquablement les idées de votre écrit avec celles de votre oral. Ainsi vous aurez du mal à exposer ce que vous comptez faire avec les élèves. Il faut donc être au point au moment où vous envoyez votre dossier.

Les questions du jury

Vous aurez des choses à améliorer sur votre séquence. Qui est capable d'écrire la séquence parfaite ? Le jury cherche surtout à voir si vous avez bien réfléchi à tout ce que vous avez écrit, si vous avez eu une démarche professionnelle, si vous êtes réceptif aux conseils d'améliorations et si vous savez vous remettre en question, proposer d'autres idées qui permettraient d'atteindre vos objectifs pédagogiques.

Par contre, il est impératif de ne pas se tromper sur les fondements que doit avoir l'enseignant pour faire la séquence que vous proposez. Vous devez les connaître par cœur.

Pendant l'épreuve, prenez le temps de respirer, restez zen, et regardez tous les membres du jury. Prenez une bonne position en mettant vos mains sur la table et vos pieds croisés en arrière, le dos droit.

Vous risquez de vous sentir harcelé de questions car il y en a beaucoup, et elles balayent un spectre de thèmes assez large : la pédagogie, la sécurité, les connaissances générales, la préparation, les programmes... Plus les questions sont difficiles, plus le jury cherche à aller loin avec vous. C'est plutôt bon signe, car cela veut dire que vous êtes bon(ne).

Vous allez devoir beaucoup parler ! Vous aurez donc soif alors n'oubliez surtout pas votre bouteille d'eau.

Ne répondez jamais que vous ne savez pas sans rien ajouter. Il n'y a rien de pire ! Cette règle d'or est aussi valable pour les autres oraux, dans n'importe quel concours. Si vous ne savez pas répondre à une question, dites que vous savez où avoir la réponse, que vous l'avez lu la semaine dernière, que vous l'avez sur le bout de la langue mais qu'elle ne vous vient pas d'un air désolé(e). Bien sûr, le subterfuge ne pourra fonctionner qu'une seule fois... Mais battez-vous sur toutes les questions !

Si par exemple vous avez choisi de présenter une séquence de sciences en CM2 sur l'énergie, vous devez connaître tout le programme de sciences de CM2, mais aussi celui de CM1 et de 6ème, car il faut savoir ce que les élèves ont fait avant et feront après le CM2 afin que le jury puisse voir que vous maîtrisez la continuité des apprentissages. De plus, le programme de CM2 dans toutes les matières doit être connu pour pouvoir parler d'interdisciplinarité. Vous vous placez en tant qu'enseignant, capitaine du bateau de la classe de CM2, sachant ce que les élèves doivent faire dans toutes les matières cette année-là. Le jury vous posera certainement des questions en rapport avec cela : « Que feront vos élèves en 6ème en sciences en rapport avec ce que vous leur avez proposé ? N'est-ce pas redondant s'ils revoient le même chapitre ? Comment s'assurer qu'ils ne referont pas exactement la même chose ? Que font-ils d'autres en sciences ? A quel moment de l'année feriez-vous cette séquence ? Avant quelle autre séquence ? Après quelle autre ? ... »

Les questions seront pour la plupart en rapport avec votre dossier, mais elles peuvent être d'un tout autre sujet, du type :

A quoi sert la mise en commun ? Quel est le rôle de l'enseignant ? A quoi feriez-vous attention ? Quel est le rôle de la confrontation avec les autres ? Que doit-il en ressortir ? Où peut se situer une erreur dans la construction du savoir en classe ? Qu'est-ce qu'un conflit cognitif ? Donnez trois critères d'évaluation à la fin d'une séance pour en évaluer la qualité. Quelles compétences du Socle vous semble commune aux sciences et à l'EMC ? Les programmes parlent d'enseignement moral, mais est-ce compatible avec la démarche d'investigation ? Définissez les représentations initiales. Comment faire un compte-rendu avec les élèves ? Qu'est-ce que l'évaluation ? Qu'est-ce qu'une trace écrite et à quoi sert-elle ? Qu'est-ce que la différenciation pédagogique ? A quoi sert le travail de groupe, en binôme, individuel ou en collectif ? Comment feriez-vous pour traiter le même thème en maternelle ? Comment feriez-vous avec un enfant dyspraxique ? Avez-vous réalisé cette séance en classe ? Quelles difficultés avez-vous rencontrées ? Peut-on dessiner la tombe avec une croix et pourquoi ? Comment faire venir un intervenant extérieur et pourquoi ? Quel a été votre cheminement pour la construction du dossier et le lien entre les séances ? Comment faire passer les valeurs de la République au sein de votre séquence ? Est-il judicieux d'utiliser le mind mapping ? Comment géreriez-vous une situation de crise avec un enfant ? Avec un parent ? Comment débloquer un enfant qui ne parle pas ? Comment se fait la constitution des groupes de travail ? Qui a parlé en premier de développement durable ? Quels sont les exercices de secours ?... C'est à vous d'imaginer les questions qu'on pourrait vous poser en fonction de votre dossier.

Pour préparer sérieusement cette épreuve, il est très fortement conseillé de faire un examen blanc.

La Connaissance du Système Educatif (CSE)

Durée 45 min (15 min d'exposé et 30 min d'entretien) – 60 points

La CSE, c'est le gros morceau à avaler dans ce concours ! Il y a quantités de choses à connaître et il vaut mieux en savoir le plus possible. L'épreuve se divise en 2 parties : un exposé à partir d'un dossier de documents d'une durée de 15 minutes et une partie réservée à l'entretien avec le jury composé de 3 personnes.

Apportez plus de soin aux révisions des thèmes qui ont une plus forte probabilité de tomber. Pour cela, voici en exemple la répartition des sujets par thème en 2018 dans l'académie de Nice en 2018 :

Classement	Thèmes	Nombre de sujets proposés pour chaque thème
1	L'évaluation	18
2	Valeurs républicaines, EMC	14
3	Education aux activités culturelles	10
4	Maternelle	9
5	Difficultés et réussites scolaires	8
6	Harcèlement, violences	7
6	Cycle 3, Ecole-collège	7
8	Parcours	4
8	Ecole-Familles	4
8	Ecole inclusive	4
11	Motivation	3
11	Devoirs maison	3
11	Intervenants et partenaires	3
11	Illettrisme, lecture, littérature	3
11	Climat scolaire	3
11	TICE	3
17	Scolarisation des moins de 3 ans	2
17	Jeu	2
17	Emploi du temps	2
17	REP	2
21	Egalité filles-garçons	1
21	Différenciation	1
21	Radicalisation	1
21	APC	1
21	Education à la sexualité	1
21	Travail en équipe	1

Vous aurez compris que notre priorité de révisions sera plus portée sur l'évaluation que sur les questions liées au travail en équipe.

Comme pour l'EPS, certaines académies postent sur leur site les sujets de CSE du CRPE à venir, sur lesquels on peut s'entraîner. A vérifier...

Cette épreuve est perçue comme l'entretien d'embauche. Le jury peut vous poser toute sorte de questions, notamment des questions liées à votre motivation. Si c'est le cas, il faudra lui expliquer la logique de votre parcours qui vous a conduit à vous présenter au CRPE. Pour cela, je vous conseille de préparer une réponse claire liée à vos précédents emplois et à votre esprit citoyen. En revanche, ne dites pas que votre démarche fait suite à l'arrivée d'un troisième enfant (même si c'est la vérité), au risque de passer pour la « gentille maman ou gentil papa » uniquement attiré(e) par l'odeur alléchante des vacances et les horaires, illusoirement avantageux, de l'école.

L'exposé

Pour voir de quoi cette partie d'épreuve à l'air, voici un exemple de sujet de CSE. Vous aurez deux questions ou une question comprenant deux parties. Ce sera vos deux parties de votre développement. Encore une fois, Il faudra respecter deux consignes essentielles : gérer le temps et faire un plan détaillé annoncé dans l'introduction.

- L'introduction devra comporter :

  - La lecture du sujet avec les questions posées, car le jury ne connaîtra pas votre sujet à l'avance. C'est à vous de leur présenter.
  - La présentation succincte des textes (titres, auteurs, années, thèmes)
  - La présentation de l'intérêt des textes et problématique : « Ces textes évoquent la question de ... (intérêt des textes) qui est un enjeu important pour... »
  - La présentation de la problématique : « Dans quelle mesure... ? »
  - L'annonce du plan qui reprend simplement les questions du sujet dans l'ordre (première question : première partie ; deuxième question : deuxième partie)

- Le développement

Avant même de débuter la lecture, faites deux colonnes sur la feuille de brouillon. Comme titre de chaque colonne, écrivez les deux parties de votre développement correspondant comme nous l'avons déjà annoncé, à vos deux questions ou parties de question.

Tout en lisant les textes, écrivez dans les colonnes les parties de texte qui s'y rapportent.

Puis, en dernier, écrivez ce que vous connaissez personnellement sur le sujet et qui n'apparaît pas dans les textes.

Ecrivez votre texte en gardant à l'esprit que vous allez devoir l'expliquer au jury sans pouvoir lire des phrases entières (listez les mots clefs), en articulant entre eux les morceaux des textes sélectionnés. Pour cela, utilisez des mots connecteurs de logique.

- La conclusion devra comporter :

- Le résumé de votre développement « Nous avons vu que… »
- La réponse à la problématique : « Nous pouvons <u>donc</u> considérer que… » (utiliser le mot « donc » est important car cela montre que vous vous basez sur ce que vous avez écrit.)

L'entretien avec le jury

Les questions porteront sur le thème de l'exposé mais pourront dévier au fur et à mesure de la discussion. Il faut tout connaître : l'histoire du système éducatif[8], mais également son fonctionnement actuel. Cela représente beaucoup de connaissance à acquérir, c'est pourquoi il sera difficile de tout apprendre au dernier moment.

---

[8] https://www.amazon.fr/dp/B088775QBP/ref=rdr_kindle_ext_tmb

L'épreuve orale d'EPS

Durée : 30 min (10 min d'exposé et 20 min d'entretien) – 40 points

Vous passerez l'épreuve d'EPS juste avant celle de CSE, avec le même jury pour les deux épreuves. Pour les préparer, vous aurez droit à 3h, dans une salle où seront installé(e)s une dizaine d'autres candidat(e)s qui passeront l'épreuve avec d'autres jurys, en même temps que vous. Chaque personne traite un sujet différent.

Cette épreuve vous demande de répondre à une situation problème susceptible de se produire avec une classe maternelle ou élémentaire. Par exemple, dans un jeu collectif, les garçons ne font pas de passes aux filles. Que faites-vous ?

Il faut savoir que chaque académie choisit quatre APSA. Suivant les académies, les sujets d'EPS possibles sont publiés sur le site de l'académie. Par exemple, l'académie de Nice dépose tous ses sujets d'EPS. D'autres académies font de même[9]. Ayant les sujets possibles, vous serez mieux préparé(e) le jour de l'oral.

La préparation

Pendant la préparation de l'épreuve orale d'EPS (3h de préparation pour préparer l'EPS et la CSE en même temps), vous aurez besoin de scotch afin d'assembler deux feuilles de brouillon entre elles (et obtenir ainsi une feuille A3), et des feutres de couleurs. Avec ce matériel, vous pourrez représenter le schéma de la situation d'apprentissage que vous aurez choisi pour répondre au problème de l'énoncé. Cela montrera au jury que vous savez vous adapter, que vous êtes synthétique, et que vous êtes capable d'utiliser la communication orale et la communication visuelle. Le jury vous comprendra bien, il se dira que vous êtes capable de mettre des choses en place (avec les moyens du bord) pour vous faire comprendre des enfants. Petite astuce supplémentaire : au dos de votre « feuille A3 », vous pourrez écrire vos mots-clés. Ainsi, vous pourrez montrer votre schéma aux jurys en lisant au verso (sans que personne ne s'en aperçoive).

---

[9] Des exemples de sujets d'EPS et de CSE sont fournis sur le site : http://crpe.prepa-en-ligne.fr/images/PDF/CRPE_2021_Liste_Sujets_EPS.pdf ; http://crpe.prepa-en-ligne.fr/images/PDF/CRPE_2021_Liste_Sujets_CSE.pdf

L'exposé

- L'introduction

En lisant les corrigés des annales, vous pourrez remarquer que l'introduction est toujours, d'un sujet à l'autre, un peu la même, puisqu'elles contiennent les différents points énumérés ci-dessus. Il vous suffit donc d'apprendre par cœur une introduction « texte à trou » de manière à la compléter en fonction du sujet que vous aurez à traiter. Par exemple, voici une introduction type, dans laquelle les trous sont mis entre crochets :

[Conduire et maîtriser un affrontement collectif ou interindividuel] est un des quatre champs d'apprentissage de l'EPS à l'école élémentaire, défini dans le BO 2015. En travaillant sur ce champ d'apprentissage, je réponds aux objectifs du SCCC en mobilisant le langage du corps, le langage oral et écrit (domaine 1), en développant seuls ou à plusieurs des méthodes motrices (domaine 2) en donnant différents rôles et en faisant respecter les règles (domaine 3), en travaillant sur la connaissance du corps (domaine 4) et en donnant aux élèves une culture sportive/artistique (domaine 5). Après une situation de référence (évaluation diagnostique), ma séquence se poursuivra par 11 autres séances d'apprentissages et s'achèvera par une rencontre interclasses, ce qui lui donnera du sens. Dans mes séances, je mettrai en place toute la sécurité nécessaire (sécurité passive et active). Je ferai aussi le lien avec l'éducation à la santé en expliquant l'utilité de boire, de se nourrir, de porter une casquette…Dans le cas de ce sujet, les enfants doivent passer de la situation où [ils ….] à la situation où [ils….]. 2 hypothèses : Peut-être que […] ou peut-être que […] Pour mettre les élèves en situation d'apprentissage, je propose 3 situations : Dans la 1ère partie, […], dans la 2ème partie […] et dans la 3ème partie […] Je prends en charge une classe de 24 élèves de [niveau de classe]

Ce nombre de 24 élèves est choisi car il est bien pratique en EPS !

- Le développement

Le développement de notre oral porte sur :

- L'organisation de la situation pour la classe (forme de groupements, espaces (avec schéma), durée, matériel, mise en place et rangement) ;
- La tâche prescrite aux élèves (but, contraintes, critères de réussite, critères de réalisation portant sur les procédures d'actions à mettre en œuvre pour réussir, les variantes)
- Le déroulement

- La conclusion

Pour la conclusion, on applique la même stratégie que pour l'introduction :

Ces situations seront consignées dans le cahier d'EPS de l'élève. Il pourra y noter ses remarques sur ses progrès, ses émotions, ses questionnements, ses performances... Si un élève présente un handicap, il faudrait bien sûr adapter mes situations car l'école est inclusive. Grâce à ces situations, les élèves ont pu [...] Pendant cette séquence, je m'efforcerais de travailler sur la globalité des apprentissages en maths, français, sciences, EMC, LVE... Mon rôle est d'enrichir le répertoire moteur des élèves et de le stabiliser. Il faudra donc, lors des prochaines séances, continuer à travailler sur [...]

Cette introduction et cette conclusion sont ce qu'attendent les jurys, donc apprenez-les par cœur !

Ne parlez pas de « sport », mais bien d'« EPS » car ce n'est pas la même chose et il faut être le plus précis possible dans son vocabulaire. Dans le jury, vous risquez fort de vous trouver face à un conseiller pédagogique spécialisé en EPS. D'ailleurs, on vous demandera peut-être la différence entre ces deux termes. Léo Lagrange est le premier à les avoir bien distingués.

L'entretien avec le jury

Les questions porteront principalement sur votre exposé, sur l'APSA, sur les programmes d'EPS, sur la sécurité, sur votre capacité à encadrer d'autres APSA... Pour bien s'en sortir, il faut quand même avoir en tête les attendus de fins de cycles, les normes d'encadrement, la notion de sécurité active et de sécurité passive, le déroulement d'une séquence d'EPS pour chaque APSA.

Et au pire des cas, si vous avez le sentiment d'avoir loupé l'épreuve d'EPS, tant pis ! C'est du passé ! On ne s'affole pas, on reste concentré(e) et focalisé(e) sur la suite ! Vous vous rattraperez avec la CSE !

Et après votre admission ?

En vous inscrivant au troisième concours, vous ne serez pas en concurrence avec les candidat(e)s des autres concours, c'est-à-dire qu'il y a un classement propre aux candidat(e)s du premier, un autre pour le deuxième et un autre pour le troisième. En revanche, vous ferez les mêmes épreuves, et les correcteurs auront les mêmes exigences pour tous. Vous serez donc en concurrence uniquement avec les gens du troisième concours.

Quand vous serez admis, vous devrez choisir une école de stage pour la rentrée de septembre, dans laquelle vous ferez votre stage pratique en alternance avec les cours théoriques. Votre académie vous fournira une liste des écoles disponibles avec les niveaux de classes correspondants, et vous établirez le classement de vos choix parmi tous les postes possibles. En général, les gens préfèrent une école près de chez eux, mais pas toujours. D'autres critères que la position géographique sont parfois pris en compte, comme par exemple les places de parking, l'ambiance dans l'école, la disposition des locaux... Si vous pouvez choisir une école d'application, c'est souvent un gros avantage, car vous serez alors entouré de PEMF (Professeur des Écoles Maître Formateur) qui vous aideront très certainement.

Le 1er du premier concours choisit son école en prem's,

le 1er du deuxième concours choisit en 2ème,

le 1er du troisième concours choisit en 3ème,

le 2ème du premier concours choisit en 4ème,

le 2ème du deuxième concours choisit en 5ème,

le 2ème du troisième concours choisit en 6ème, ... etc.

Lors de votre première année, vous aurez le statut de professeur des écoles stagiaire, c'est-à-dire que vous serez non-titulaire. Pour devenir titulaire, vous serez suivi par des tuteurs, des conseillers pédagogiques et votre inspecteur de circonscription. Ces personnes vous formeront et évalueront vos compétences tout au long de l'année de stage. Ce n'est qu'à l'issue de cette année d'évaluation que vous pourrez devenir titulaire (T1). Vous aurez également des évaluations à l'INSPE, notamment en français et en anglais. Le CRPE n'est donc que le début d'une longue période d'évaluations.

Conclusion

Passer le CRPE est courageux de votre part, car ce concours nécessite de s'investir pleinement dans les révisions, tant la masse de choses à connaître est colossale. Seul(e)s les plus motivé(e)s et les mieux organisé(e)s seront admis. Cet ouvrage a tenté de vous donner de bonnes pratiques pour vous organiser et des savoir-faire essentiels pour mieux vous préparer. Puisse-t-il vous avoir simplifié le travail et vous avoir apporté un sentiment de sérénité face à la tâche qu'il vous reste à accomplir !

Vous méritez d'ores et déjà d'être félicité(e) pour avoir entrepris ce projet professionnel, quels que soient votre niveau de connaissance initial et vos résultats au classement.